JN418662

오름시인선 ·28

겨울 바다를 팔아요

오름시인선 · 28

겨울 바다를 팔아요

펴낸날 _ 2015년 7월 30일
지은이 _ 한금산
펴낸곳 _ 기획출판 오름
등록번호 _ 동구 제 364-1999-000006호
등록일자 _ 1999년 2월 25일
주소 _ 대전광역시 동구 삼성1동 122-2
전화 _ 042.637.1486
팩스 _ 042.637.1288
E-mail _ orumplus@hanmail.net

ISBN _ 978-89-90151-82-7

값 8,000원

※ 본 사업은 대전문화재단 | 한국문화예술위원회 에서 사업비 일부를 지원받았습니다.

겨울 바다를 팔아요

| 한금산 시집 |

Orum Edition

시인의 말

돌아오지 않는 것
그것이 어디 시간뿐이랴
겨울이 가며 봄이 온다지만
그 봄이 어디 지나간 봄이던가?
떠난 사람을 기다리기보다는
차라리 잊어버리는 것이 현명 할지 모른다는
차가운 생각이 들 때
겨울바다를 찾기보다
그 자리에 정지해 있고 싶은 마음
이 순간이
진정한 그리움이고
작지만 아주 큰 사랑이 되리라

뒷모습을 지켜봐야 하는 슬픔보다
몰려오는 파도에 마주서
소리질러보고 싶은 날
깊은 마음의 바닥까지
말갛게 씻어내고 싶다

2015년 여름에

한금산

■ 차례

제1부 | 겨울 바다를 팔아요

제2부 | 고드랫돌

제3부 | 바다냄새

제4부 | 외나무 다리

제1부

겨울 바다를 팔아요

두레박

도르래에 매단 두레박이
끝 모르게 아래로 내려가 보이지 않을 정도로
깊은 우물이 동네 어귀에 있었다.

친구가 심부름 가는데 따라 갔다가
늦은 저녁 먹고
밤늦게 돌아왔다.

우물가에 오자마자
죽지 않을 만큼 아버지한테 맞았다.

온 동네를 다 찾아다니다가
우물 속에 두레박을 넣어
한 시간 넘게 퍼 올렸다고 한다

두레박을 넣으면
꼭 뭔가가 걸리는 듯 했단다.

지금
두레박 타고 그 속에 들어가 보고 싶다
죽지 않을 만큼

아버지가 날 때릴 수만 있다면
몇 번이고 그 우물 속에 들어가고 싶다.

우물은 메워 없어졌지만
그 자리에 서면
두레박 물소리
귓가에 맴돌며 살아 오른다.

무연고 무덤

지워지는 기억은
눈물도 없이 삭아내려
부피를 잃어버리고 있다

씻기고 씻긴 세월이
나이테마저 무너진 고주바리가 되고
땅거미 내린지 오래 됐다,

누군가가 누웠을 듯하다며
흘러내리다 남은
봉분 한가운데
갈참나무가 발을 구른다.

너도 나도 다
잠시 인연이었던
무연고일 뿐이라면서

청자조각

깨진 것이 아니라
부숴버린 항아리

청자 조각 하나 주워들면
도공의
숨소리 들려오고
도공의 울음소리
잡힐 듯 맴 돈다

꿈꾸었던 손길이 분노했을
일그러진 표정
아직도 분기로 남아
날을 세운다.

기다렸던 보람이
허공으로 날아간 자리
날카로운 모서리에
마음이 베어진다.

얼마나 실망했을까?
깨진 것은 마음이었고
무너진 것은 정성이었다.

흐느적이는 육신을 다시 세우기에
그 많은 고통을 넘어
한 같은 그 항아리의 소리는
하늘빛을 담아
익어갔으련만
조각으로 남아
염원을 증언하고 있다.

늙은 나무

둥치 속이 비어있는 느티나무는
나이테를 숨기고
먹은 나이만큼 속이 비었다

내 속이 허해지는 것을 보면
나도 나무가 되어가나 보다

큰물 져
굴러간 수많은 돌들 중에
동행하지 않은 용바위만 그 자리에서
물소리도 들은 척 만 척

나이 먹은 큰 바위도
나를 가르쳐주는 스승이 된다

비켜설 줄 모르는 고집에
돌아서 굽어가는 포장도로를 내야하는
늙은 나무도
그래도 그 나무를 탓하지 않는다

느티나무 속처럼
내가 자꾸만 허해진다.

지는 꽃잎

맺히고 눌려진 가슴에
신열이 올랐던 지난밤이
끝내 넘치기 시작했나?

진했던 향기는
손바닥에 등고선을 만들고

까무러친 햇살에 밟히며
눈물로 범벅이 되는
그 끔직스러운 쏟아짐에
가슴이 식어 간다.

이마에 내리는 머리카락을 쓸어 올리는
노파의 한숨소리에도
꽃잎은 놀라서 기절을 한다.

도인

그림자처럼
아래로 자꾸만 가라앉는 겨울

사람 냄새를 피해
산 속에 든 그 사람은
세상을 너무 많이 알아서
아는 것이 없다 했다

아름다운 고독이다

아무것도 모른다는 사람은
많이 아는 사람이고
다 안다는 사람은
아무것도 모르는 사람이다

부자니까

내게 오는 편지에
한금산을 황금산이라고 쓰는 이가
가끔 있다

황금은 돈이다
돈은 금이다
황금이 산 같다?

아니지
한은 많다
금은 돈
돈이 산만큼 많다가
더 좋다

부자니까
마음이 부자니까

시린 밤

꽃잎 위에
시를 쓰는 달빛

달맞이 꽃잎 위에
달빛 내리는 날

밤에 우는 소쩍새 울음이
가지 사이를 헤집고 들리니
그 밤이 시리다

요실금

칠년 된 자동차가
오일이 샌다

정비 업체에 예약을 하고
다녀와야 한다고 했더니
왜냐고 묻는다

차도 늙으니까
요실금을 하는가보라고 했다가
늙은 마누라한테
뒤통수를 얻어맞을 뻔 했다.

델구 가

오늘도 요양병원에 갔다
열이 난다고 옷을 벗겨 놓았다
링거바늘을 뽑는다고
침대에 손목을 매어 놓았다

"어디 아파요? 열이 나는데"
"……………"
"더 먹을래요?"
"……………"
"누울래요?"
"……………"

"……………"
"……………"

잡은 손 놓으려 하자
겨우 한마디
"델구 가"

저도 그러고 싶어요
하지만 집으로 가면
어머니도 저도 더 힘 들어요

돌아오는 길이
눈이 흐려져서
신호등이 잘 보이지 않았다.

잠이 오지 않았다
두시 반
아내 몰래 일어나 서재로 갔다
거기서 울었다

얼마나 힘이 들었을까
얼마나 집에 돌아오고 싶었을까?

변을 몰래 장롱 밑에 밀어 넣어도
자식 옆에 있고 싶었을까

'델구 가'라던 소리가
시간이 지날수록 크게 울려
가슴 속을 흔들어댄다.

결실

흙을 파먹은 죄가 있으니
흙으로 돌아가야 한다는데
하나님 품으로 돌아가면
껍질만 되돌려 주는 것

흔적 없이 돌아가야 하는 도인은 아니지만
남기고픈 것 있다고
세월만 반죽하고 있다.

해탈 못해도 좋고
영혼의 생명이 죽어도 상관없지만
팔리지 않는 상품 하나 만들려고
시간 죽이기에 눈이 붉어진다.

사진

물소리에 젖은
달빛을 짜고 말리던 옷처럼
꺼내보고 다시 넣어 두는
그 사진

바람소리 살아나는 안개 뒤에서
보일 듯 말 듯 미소 짓는 얼굴이
살아나다 사라지며
마음을 여위게 한다.

머리 내밀어 넘겨다보는
산꼭대기에
아픈 물소리가 따라 넘는다.

그리움이 초라해지면
색 바랜 흑백 사진으로
삭은 세월이
마음 부려놓을 곳을 못 찾아
접어두는
사진

잠

하루분의 잠을 자고나면
또 하루분의 시간이
꽃잎에 내린다
지는 꽃잎에

잠자듯 고요한 오후
걸음자국 소리 죽이고
숨소리에 묻어나는
풀잎 사이
미물처럼 살아가는
아직 따뜻한 햇살

미명의 시간에도
꿈틀거렸듯
눈빛은
몸부림이어도
눈꺼풀 안으로
또 잠이 온다.

겨울이 왔을 때

잘 못되고
흉이 된 모든 것들을
하얗게 덮겠습니다.

오만스럽던 잎이 다 떨어져도
슬프지 않게 안에 가두겠습니다.

하늘에 닿을 듯 치솟던
우듬지 끝에 찬 서리가 내린대도
아무것도 원망하지 않겠습니다.

남은 한줄기 겨울 햇살을 받으며
고요한 마음을 잠재우겠습니다.

꽃피던 봄날과
싱그럽던 여름날을
그리워하지도 않겠습니다.

겨울이 오면
그냥
맞이하겠습니다.

바람의 방향

맛을 알 수 없어
향기 같은 것은 남기지 않고
숨어도
긴 머리카락을 연줄처럼 날린다

언제 올지 모르지만
모습도 모르는
떠나는 배의 깃폭에 높새바람이 일면
그리움에 밴 마음을 허하게 만든다.

가녀린 허리에 가슴이 저려
질러낸 소리가
바람이 되어 물결을 쓸어가는 세상

저자거리에 홍청이는 바람이 되고
신발 끈에 매달려
또 다른 이별을 만든다.

먼지 쓸어 한 곳에 머물면
상처로 남겨두고
내일의 바람을 기다린다.

풀꽃만도

풀꽃 피는 때는
바람만 안다

풀꽃 지는 날은
도랑물만 운다

풀꽃 씨 익는 날은
산새만 안다

내 돌아갈 날은
아무도 모른다
풀꽃만도 못한
나

연

날리던 연
정월 보름날은
연줄을 끊어 멀리 날려 보내야
일 년 액운이 다 없어진다고
어머니가 말했다.

보름날
하루 종일 바람이 없어
나는 연을 띄워 보내지 못했다

액운이 많으니
연을 지게에 지고
멀리 가서 버리고 오라는데

작은 체구의 국민학생인 내게
꼭 맞는 지게도 없고
있대도 연을 지고 갈 용기도 없었다

엄마 몰래 냇가에 가서
태워버렸다

그해 여름 내내
나는 학질을 앓아
목구멍이 아프도록
키니네만 먹었다.

겨울 바다를 팔아요

가슴에 가라 앉아
굳어 사리가 되면
적멸궁에 가고

받아 안은 대로
쌓여
하늘과 맞닿은 수평선은
늘 그 자리

일렁이는 가슴 속 분노를
씻어 줄 찬바람이
억겁을 윤회 했어도

겨울 바다를 찾는 이는 줄지 않고
바닥까지 오염되기 전에
겨울 바다를 사러 갔던
그 카페에서
손 털고 돌아서고 싶어지면
살아 있을 때
차라리 겨울 바다를 팔아요

뼈만 골라 전시 한
앙상한 모습이
다시 윤회하면 살이 붙을까?

조개껍데기를 꿰어
목에 걸고
환생을 믿는 혼을 불러
구름 속을 유영해도
겨울 바다는 그저 그 자리

훌훌 털고
빈 마음으로 돌아서면
마음 가벼이 먼 길도 갈 것 같다

떠나자
겨울 바다마저 팔아버리고

노을빛마저 칙칙하여
감동 없이 물 속으로 사라지는 바다는
그 빛이 어둡다

차가운 파도에 저항 할수록
작아지는 언어를 묻고
작아지는 내가 된다

거부 할 수가 없기에
수용할 수도 없기에
체념은 더욱 받아드릴 수 없어
차라리 이 바다를
팔아야겠다

봄 바다가 올지 모른다 해도
겨울 바다를 팔아요.

메뚜기

가을이었다
찬 이슬이 내린 날 이른 아침
논두렁 콩잎 뒤에 숨은 메뚜기를
유리병 하나 가득 잡았다

추위를 피해 콩잎 뒤에 숨었으나
다리와 날개 근육이 쥐가 나도록
얼어버린 메뚜기는
멀뚱멀뚱 쳐다보면서도
도망 갈 궁리를 못했다

병 속에 들어간 후에야
죽을 힘을 다 해 뛰어 올라보지만
좁은 주둥이 위까지 뛰어나와
탈출한다는 것은 불가능했다

홍남철수의 그 아비규환보다
더 어지럽고 치열한 병 속
하지만 뱃고동이 울릴 리 없고
자유와는 거리가 멀다
그래도 희망이라는 것을 가지고 있을까?
준비되지 않은 자의 절망

한 낮이 지나
가스를 설 먹은 유태인 수용소처럼
흐느적이는 몸짓에
허공만이 흐리게 보일 때
대야의 물속에다
병을 거꾸로 흔들어 겨우 나온 메뚜기는
이미 헤엄을 칠 기력을 잃었다

병 속에는
검은 메뚜기 똥만이
지저분하게 남았다

메뚜기는
누구의 전생이었을까?
이승에 환생 했어도
메뚜기처럼 사는 민초들이
겨우 콩잎 한 장에 기대어
눈뜨고도 앞을 예측 못해
또 다른 환생을 꿈꾸고 있을
그 모습
민초 메뚜기

바위

종손이 고택 못 떠나고
지키며 살 듯
뿌리 박아 움직이려 하지 않는
고통스러운 고집에
물도 돌아서 숨 죽이고 흘러간다

검버섯 난 얼굴에
청동빛 윤기를 잃어간대도
지신(地神)의 뜻
뿌리로 받는다

거기 저승도 건너뛰어
모래 언덕 너머
세상의 끝에 먼저 앉았다

무채색의 출렁거림이
웅크린 바닥
위대한 침묵에
내 혼까지 굳어
온 몸으로 익어가는 바위 하나
가슴 바닥에 채운다

제2부

고드랫돌

사랑초

햇살 퍼지면
가슴 열고
고운 빛만 골라 담고

노을 지면
따뜻해진 가슴 맞대고
어둔 밤을 꼭 안고 지낸다.

하나같이
제 짝을 따뜻하게 안아준다.

말없이
몸으로 얘기하는
사랑초

꽃무릇

건너 마을 이야기 같은
발꿈치까지 얼어오던 겨울을 참고
파랗게 언 손 가녀린 햇살에 맡겨
차가운 바람에라도 덥혀 보려던
그 참혹한 기다림

끝내 한계에 부딛친
기다림마저 포기하던 물든 잎새에
눈물 같은 이슬도 내리지 않았다

녹아내리던 햇살도 숨을 고르던 어느 날
기적이듯 피가 돌아
뽑아 올리듯 내민 머리에
소리치는 혓바닥이
밖으로 튀어 나오도록
불러본 당신
바람 속에 흩어진 내 마음마저 찾을 수 없고

자지러지듯 요염한 몸을 맡겨도
찾아올 수 없는 인연
상사의 넋이 날려가듯

바람을 타고 햇살을 등진다

첫사랑 같은 꽃무릇

물소리를 따라간 사람

채워 줘도 채워 줘도
일렁이는 물속에서 부서지는 달빛처럼
야위어가는 하현달이 되어
흘러만 가던 당신의 발자국이
모래톱에서 흐려지듯
물소리를 따라간 사람이 되었군요.

아려오는 가슴 속이
숭숭 구멍이 뚫려 허허로이 바람이 지나고
소리까지 걸러지지 못하고 새어나가는
황무지 흙바람이 이는데
옛이야기가 오늘도 여울물에 흩어져
달빛에 풀려 흘러갑니다.

하얀 조약돌 길을 걷던
그 손의 따뜻함이
모래밭 어딘가에 남아있을 것 같아
흐린 달빛을 헤집고 나서는 새벽에도
잠 못 잔 눈망울을 씻어주며
발가락 사이로 빠지는 모래를
물소리가 실어 나르는 여울에
오늘도 당신은 기다리지 않았습니다.

동구 밖 느티나무의 가지마다
남김없이 털어간 나뭇잎 대신
하얗게 얼음꽃이 피어서
달빛에 더욱 반짝이는 그 끝에도
걸릴 듯 걸릴 듯 하현달만 흔들리고
흐려지는 미소가 어룽져 멀어갑니다.

한번만이라도 뒤돌아서서
으스러지는 소리가 나도록
힘껏 안아주고 떠나셔요.
그런 말까지 저 물소리가 덮어버리고
발자국 소리를 지우고 있네요.

꽃잎으로 우려낸 마음이
당신의 물소리를 따라갑니다.

당신의 말소리는 물소리로 남아
귓가로 맴돌고
가슴이 녹은 여울물에
떠나간 당신을 찾아
수편선 넘어 하늘에 닿을 때까지

이명 소리가 되어
당신을 따라 하늘까지 가렵니다.

물소리를 좋아해서
물소리를 따라간 당신의
그 그림자가
가슴을 조여 옵니다.

그네

다가가고프면
손 내밀어 바람을 잡고
하얀 구름까지
마음 잡아매어 밀어 올리고

머리카락 날리던
뒷모습
따라가는 마음
흔들리는
나비가 되리

울 넘어 숨지 말고
소리 내어 활짝 웃음을 펴고
달랑거리던 심장소리
실어 보내며

보내기만 하고 되받지 않으려
얼른 물러나도
살아나는 궁금증에
다시 오른다

멀리 날아 그 자리에
별처럼 박혀
댕기머리 흔들리는 달리는 마음
유성으로
모래밭에 함께 떨어졌으면

내 마음이 그네이니
뒤를 밀어다오

달 밝은 밤이 되면

동네 한 바퀴 돌아 큰 마당 집 뜰에
꽹과리 소리 앞서면
무등 탄 아이 춤사위의 손놀림이
장단 맞춰 흔들리고
툇마루 밑 뜰 끝에 쪼그리고 높이 앉아
넋 나간 듯 엉덩이도 춤을 춘다.

오무라졌다 캥~캥
벌어졌다 캥~캥

상쇠 눈 한번 스치고
북잡이, 징잡이가 입 벌어지고

바람이 스치고 지나갈 때마다

벌어졌다 캐갱~캥
오무라졌다 캐갱~캥

눈 맞았다 둥~둥
정분났다 더덩~쿵

잠 못 들어 지새운 이
하나 둘일까?

신바람에 들썩인 꿈
달님만이 알고 있다

달 밝은 밤이 오면
말곳말곳 별빛처럼
그 소리 들려온다.
캐갱 캥캥 덩더쿵

솔밭길을 걸으며

외로움에 익숙해지면
세상이 참 고맙다
주변이 어수선하지 않아
물속에 가라앉은
단풍잎의 그물막까지 눈 앞에 다가온다.

체크무늬 치마를 입고
백파이프를 연주하는 영국의 거리에서
나를 키우는 스산했던 바람마저 잠을 자면
잔솔밭 사잇길은
따가운 햇살을 온전하게 가려주지 못했지만
거기서 만난 노루뿔을 주워
그 주인이 괴로워했을 두려움과
터졌을 핏빛을 무서워했다

길도 논밭도 묻혀버려
오직 하얀 들판을 만들어버린
눈송이처럼 허둥허둥 날려
알 수 없는 자리에 내려지는 두려움은
오히려 신기하게 맑아졌다

거추장거릴 것이 없는 외로움을
이 길은
홀로를 장하게 만든다.

창(窓)

꽃향기 품은 바람이
보이는 듯 어른거려
열어젖힌 가슴으로
한가득 맞고프다

그림자로 기다리다
발걸음 돌릴까
소리 없이 새어드는 달빛 속
발자국 소리 내려졌던 자락 아래
손 내밀어 맞으리

창밖이 뜰이고
노니는 소리마다
팔 벌리고 달려오리

문 열자 달려들어
몸속에 파고 들어
안겨오는 네 마음

창 앞에 선 이 마음을
어찌 알고 찾아왔나

그 사람

커튼에 햇살이 물드니
가을도 떠나는가?

주전자 물 끓는 소리에
긴 겨울이 밀려오고

구절초 남은 향기가
찻잔을 맴돌 때

흔들리며 살아나는
그 얼굴이 누구였나?

찔레꽃 향 번지던 날
꽃잎으로 떠난 사람.

푸쉬킨의 사랑

아내의 남자와
결투를 하다 죽은 그는
정말 져서 죽은 것일까?
져 준 것일까?

비굴하지 않게 죽을 명분을 만들려
그 자리에 섰던 시각에
무슨 생각을 했을까?

사랑이란 원래부터
배신을 하기 위해서 하는 것인지도 모른다

맞서는 척
끝이라도 꾸며보고 싶은 것이
마지막 빛깔이었을까?

용서받을 수 있을까

기억의 저편에 묻혀가는 이야기지만
잊어질 듯 다시 자리 잡는
네 눈빛의 그 깊은 바램을
나는 빚이라고 생각했다

바람은 지나가고
스쳐오던 머리카락 향기는 잊었지만
빗방울 뿌리던 날
기대오던 네 어깨를 잊을 수 있을까

머리에서 발끝으로 흐르며
온 몸으로 젖어오던 사립 밖
세워뒀던 싸늘한 기다림을 지금도 녹이지 못해
어둔 밤에 별을 찾듯
흐린 마음을 헤집어본다.

잿불 헤쳐 사그라지는 불씨라도 찾는다면
용서라는 말이 없어도
뒷모습이 조금은 가벼울까

묻혀가는 이야기 속에
빚으로 더 쌓인다.

신음 소리

사랑했던 이를
삼류 시인으로 키워
바람에 던져두고
풀잎처럼 일어서라 했다.

꽃비 내리던 날 나를 불러내
들깨수제비 같이 걸죽한
어둠 속에서
한 움큼 웃음소리를 풀어
꽃잎을 날리던 눈빛

저승 같아 보이는 병실을 드나들며
절룩이며 살아온 길 돌아보면
아슬아슬하기만 한 인고였지만

선무당 미친 소리라도 믿고 싶어
잡아본 손끝에
꽃가지 하나 걸렸다고
한 번 웃어본
혼절 같이 애절한
풀려진 눈빛 속의
신음 소리

단 한 번만

꼭 한 몫만 남겨두고
상하지 않을 감정을 저장하며
꿈꾸는 나날을 오래 다져 넣었습니다.

한번으로 두 번 만큼 살고픈 마음이기에
차마 서둘 수가 없었고
깊고 긴 수렁 같은 시간을 견디었습니다.

태풍이 몰아치고
홍수 물이 우리를 가르며 요동친대도
아프디 아픈 그리움을 묻고 또 다져
가슴으로 눈물을 지우며 치미는 돌덩이를 누릅니다

부채한번 흔드는 적은 바람이
죽음의 사랑을 만들어 내고
꿈은 향기를 찾아 기어 나오는 데
그 강변에는 기적소리만 멀어집니다

청하지 않은 사랑의 밑그림을
구곡폭포 소리 쿵쾅거리는 가슴 속에
한숨 같은 장막을 내리며
또 문을 닫습니다

산 너머로, 강 건너로 연줄을 띄우며
단 한 번 만 보자며 눈을 감아봅니다

강촌 건너

사랑을 포기하던 날
나도 죽었다.

쏟아내 버려진
수많은 잉태

달빛은 쓸려가고
파도는 울며 돌아섰다.

구름이 움직임을 정지하면
찔레꽃을 흩날리며
굴뚝새 날아갔다.

봉숭아꽃 떨어지던 날
비에 젖었던 나는
갈품처럼
무겁게 허리를 굽혔다.

스물 아홉
그날도 손만 흔들어줬다
멀리 강촌 건너에서

석등

별 목걸이 만들어
걸어주고 싶던 너

버리고 버려도
낮달처럼
가지 끝에 걸리는 기억들
바위에 펼쳐 너는 마음

잊기가 이리도 힘들다는 것을
몰라도 너무 몰라
염주 알 굴리며
돌아보는 탑돌이

파란 이끼
검어지도록
석등 아래 나를 묻고 있다.

보름달

사랑을 그리워하는 이는
달을 품고
별을 세는 이는
꿈을 가둔다
가장 슬픈 이는
해를 안고 싶은 이다

커피 잔에 뜨거운 물을 붓고
바라보는 그 따뜻한 파스텔 무늬
그런 가슴으로
달을 품은 이는
물소리까지 잠재우는
둥근 달이다

너를 위해 뜨는 달은
늘 만월이었고
그 빛으로 너를 읽어 내려가면
내가 젖어드는 노을이 되었다.

징검다리 돌

하늘이 밟는 대도
억울할 일 없고
마음이 오히려 넓어져
펑퍼져
견디는 너그러움

너를 위해 발을 적셔도
밝은 웃음
발아래서 흐르는 것은
하늘 뜻 깔려진 때문

다독여주지 않아도
마음 모서리가 닳는
아픈 즐거움이 머무는
너를 기다리는 나이고 싶다

고드랫돌

사람을 사람의 가슴에서 키우는
인연의 고리를 못 끊어
또 하나의 가슴을 엮어가는
질긴 눈 맞춤

긴긴 미래를 풀어
오늘을 묶어주는 손끝에
달그락
한마디 묶여 나가며 하는 말
오래오래 잘 살아라

온 길을 다시 가
풀어진 손 다시 잡아
어깨를 걸어준다

사랑해라!
한 생을 바쳐 온 변함없는 축원에
내 한 해를 또 넘긴다

한 바퀴 줄을 풀어
인연으로 엮어주는
고드랫돌

목어(2)

바람이 와
잉어를 밀면
뎅그렁-
풍경이 먼저 알고
울린다.

떠나간 바람을
오래오래
기다리며
추억은 아픈 것이라는 것을 말하고 싶지만
그리움이 번식하는
습지처럼 무거워지는
대웅전 앞뜰

인연은 타인의 것일 뿐
배흘림기둥을 돌아
댓돌 위
나란한 고무신 사이로
목청 좋은
독경 소리에
목어는 눈을 감는다.

그리움을 아는 사람

그리움은
아무리 오래 되어도
발효가 되어 초가 되지 않고
알콜로 변하지도 않는
그 방부의 비밀을 품은 채
무한의 세월을 참을 줄 안다

비가 내리면 비가 되고
눈이 내리면 하얀 눈이 되어
차곡차곡 쌓여도 흐를 줄 모른다

햇살은 등지고 싶고
노을빛에는 달려가지만
언제나 비어있는
뒤뜰 불 꺼진 창 앞
발을 멈추는 곳에 그대로다

뭉크의 절규라는 그림 앞에서
눈을 감아버리는 사람이다.

눈 내리는 밤

눈물이 밴 손수건을
주머니 속에서 만지작거리는
그 우울의 습기가 돈다.

눈 내리는 어두운 밤에
가로등에선
반딧불을 쏟아 내고

잘 못 발효되어
냄새가 고약해진 사랑도
하얗게 덮혀지는 밤

말 없는 네 말이
눈에서 터져 나와
눈물로 말한다.

바람 때문이라고
시간은 너를 탓했고
흔적은 쌓여 오래된 무늬를 새기는데

삼가마 틈새마다 김이 나오듯
덮힐수록
스며나오는
눈 내리는 밤

먼 날의 그림이
눈발을 타고 온다

제3부

바다냄새

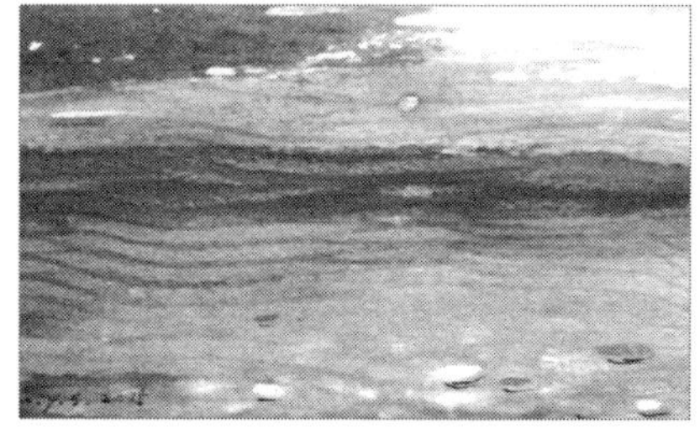

여름

비만에 흐느적이는 여름
새벽부터 목구멍을 막는 습한 공기가 아침을 연다

고래고래 소리 지르는 하늘이
타고 있는 옥수수 잎에
가을을 예언하지만
빽대 자라듯 넘쳐나는 잘난 잡초가
온 밭을 춘추전국 세상으로 만든다

다들 잘났으니
누가 잘났는지 분간이 어려워지면
뒤에서 땀 흘린 이는
위장병에 밥맛을 잃어
냉수에 밥 말아 곰삭은 새우젓으로 꿀꺽
눈감고 삼키는 여름

모두가 잘나 비만이 된 여름
내일의 비극은
기생하며 숨어 있다

물새

갈대 품 손 흔드는 냇물 건너
흐르는 물속을 뚫고
고속 열차가 기적을 남기고 사라진다,

따라갈 생각초차 못하고
그냥 그 모습으로 잔잔히 흐르는데
물새 한 마리 바람을 가슴에 담는다.

새가 된 내가 물속에 그림자로 잠기지만
갈대의 손을 잡아주지 못하고
마음은 자꾸 저 기적 소리를 따라가
철커덕거리는 기계음 속에
짓이겨지고 있다.

울컥 넘어오는 이야기
눌러보려
꼬리 한 번 까딱

이슬

가슴을
달빛에 실어 보내고
기다리면
소리 없이 스며오는 얼굴

앞산에 울던 부엉새
아직도 우는 그 속 뜻
알까 모를까

달빛이 쌓이면
이슬로 맺히는 것
가슴 씻은 물인데도
왜 이리 시린지

새벽 별빛이 유난히 밝아
좋은 소식 올 듯하여
풀잎 끝에 방울진
네 눈을 찾는다.

파도

이랑진 시간의 안쪽에 묻혀
물무늬 타고 넘실대는 파도

바람 한 줄기에도
울고 웃고
펄렁이며 세상을 셈하고 있다

능선을 베고 잠을 청해도
우울했던 추억이 무늬를 지우지 못해
뒤척이며 철썩이는
내 몸은 파도가 된다.

고라니

칡넝쿨 속으로
고라니가 내려 온다

숨 죽이며 못 본척 살펴보다
마주친 눈
그 선량의 순수함에
내가 놀란다

고라니는 못 본 척 숲을 뒤지고
개망초 꽃 흔들며
한가하게 지나가는데
아쉬움에 흔들리는 꽃처럼
애기똥풀 꽃 여린 꽃잎 되어
고라니 뒷모습으로 남는다.

산 밑 집

느리게 기어가는
산 바람 소리가
디크레이션 된다

스타카토로 쪼아대는 저 새는
아마도 딱따구리일 게다.

허리를 흔들다
그것도 심심해진 꽃잎이
눈물방울처럼 흘러내린다.

은행나무 가지 사이에서
손 내어젓던 햇살이
그림자를 숨기면
굴둑새 떼가
찔레나무 덩굴로 모일게다

산 밑 조그만 내 집에도
귀뚜라미 소리 높아질게다

가을은
그렇게 저녁을 맞을게다.

가을도 간다

엄마야!
코스모스가 저리 흔들리는 것을 보면
가을도 산마루에 앉은 게야

나뭇잎 구르는 모습에
까르르
누나 허리 휘어지듯
그렇게 가을이 가는 게야

강가 조약돌이 말라가며
달빛 소리를 내는 것도
하얗던 가슴속살이
가랑잎으로 물들게 하듯
또 가을이 가는 게야

가라지!
갈 테면 가라지!
가지 않는 것 있던가?
가을도 갈 테면 가는 게야

여울물 속 조약돌아

꽃잎 지던 날
달뜬 몸
여울물을 흔들고
못 참아 터진 눈물
물소리로 높아진다.

달빛아!
내 모습 보이거든
눈물 보이지 않게
건져내지 말아라.

한 여름

풀잎들까지 내지르는
발설의 소리
먹구름 저편까지
던져지고
팔을 휘젓는 춤사위는
땀 젖은 마음을 식히지 못해
분수로 치솟는 뜨거운 입술

삶의 마루인줄
너만 모를 리 없어
번개 맞고 비 쏟아진대도
식을 줄 모르는 가슴에
거리마다 쏟아진 혼들이
앞을 다툰다

잎 지는 가을을 알아 무엇하리.

내 밭

산토끼가 놀러오는 곳

고라니가 무를 다 먹고 가는 곳

멧돼지가 내 고구마를 몽땅 파가는 곳

산새가 와서 세도 안내고 집 짓고 새끼 쳐 나가는 곳

내 밭이다

농사라고 땀 흘리지만
적자만 나는
미련한 짓 하는 곳

달빛 아래

잠들지 못하는
바람을 세워 놓고도
설렘도 없는지
너는
늘 저만치 내려진다.

탕이 나도록
바래어진 말 한마디가
하구의 모랫벌로 흘렀어도
알알로 남아 있는
기다리는 시름 속에
물결소리 잠 못 든다.

꾀꼬리 울던 가지 끝에
흰 눈꽃 피고 졌어도
녹아내리지 못하는
딱지 진 껍질은 남아
그해 봄은 울고 있었다.

허기진 기다림이
다시 안개로 피어 올라도
달이 녹아 빛이 된 아래
조약돌로 남는다.

낙엽 밟기

손을 흔들어 털어도
떠날 수 없는 인연처럼
젖은 눈빛이
낙엽처럼 바람에 쓸려오고

옹고집으로 굳은 일방의 사랑은
빗물에 녹지 않는
머리카락을 뺨으로 흘리며
쓰러지듯 기대와
허리를 감싸 보았지만

모인 빗물이 소리 내어 강물로 흐르던 날
기어이 뿌리를 드러내 씻기며
무너지는 아픔도
낙엽이 되어
흙더미처럼 부서졌다

어찌 다시 모을 수 있으랴
발밑에 부서진 이 많은 조각들을

겨울 해변에서

목소리가 젖어있어
말문 닫았다

멀어지는 수평선이 추워지고
바람을 타고 간 찻잔의 향기가
안개로 변해 파도 위를 기어간다.

유배지도 아닌 해변
하루 해 지도록 못 벗어나
그 자리에
파도소리 묻힌
젖은 콧노래를 찾았지만
잡히는 것은 모두 손가락 사이로 빠지고 만다

모두는 지나가는 것이다.

들꽃은

들꽃이 아름다운 것은
시도 때도 없이 풀잎을 사랑했기 때문이다
가슴 속의 사랑이 드러났기 때문이다

터널같이 긴 어둠과
이슬에 반짝이는 햇살
그 모두를 사랑했던
그리움이 숨겨지며 피어난 뒤에
끝내 미소같은 싱그러움
외면을 외면 할 줄 모르는
착하디 착한 속내가
진액으로 드러났기 때문이다
사랑하는 이의 그 선연한 아침 노을이다

쌓였던 그리움이 한처럼 터지는
등대의 불빛
외로운 이는
가끔 섬광을 뿜어낸다.

미워할 줄 모르는
선천성 가슴을 가진 이는
들꽃이 된다.

풀꽃

바위틈에 뿌리 걸어 매고
숨이 막히도록 간절했던
가녀린 꽃대 올려
소망을 쥔 작은 손에
아픈 만큼 익어가는
기다림의 풀꽃
발바닥이 간지러운 절벽에
나보다
천 배 만 배 치열하고 강한
풀꽃 한 그루

패자보다 더 외로운
풀꽃 한송이

낙엽

손 놓으면 아찔한 절벽
몸 실을 바람도 없지만
끝내는 한 줌 흙 속에 묻힐
고공의 호흡을 다듬는다.

남겨둔 씨눈의 별빛과
푸른 달빛에 씻기던 기다림
아래로 쌓이는 절망이
이제 하나가 되는 순간을 춤춘다.

물방울 모여 요란한 소리로 흐르고
바람이 쓸어간 흙먼지
물속에 잠기듯
모두는 하나가 되는 것

그 많은 길들이
내가 가는 하나의 길인 것을
떨어지는 저 잎새가 일러준다.

파도야

파도는 언제나
무승부의 싸움에 모두를 건다.

점령의 쾌감에 웃다
웃음소리 사라지기도 전에
고지를 내어주는 패배

패배만 한다면
정복만 한다면
그것은 파도가 아니다

치욕과 영광이
울고 웃던 지난날이언만
지금도 나는
나팔 소리만 나면
지루함을 모르는
포문을 연다.

능선과 마주서면

중세 전투병사 같이
파도처럼 몰려오다 쓰러지는
그 처참한 환영으로 쏟아지는
불안한 능선 위에
내 그림자도
늘 무너진다.

불안하기만 하던 집착은
끝내
흔들리는 정점에서 나부끼며
헛된 꿈처럼 날개를 접고
다시 해안에 서지만
파도는 또 몰려왔다

모래바람 날린대도
잔인한 의지는
창을 세우라고 나발을 분다.

가자!
언젠가는 저 바다도
잠을 자리니

콜시카의 섬이 기다린대도
이 깃발을 내릴 수는 없다고
징소리 높이고
또는 숨죽이고 기다려
쟁이듯 다리에 힘을 세우자
피향의 가슴을 잠재우는
그런 바람이 분다면

풀꽃(2)

알아들을 수 없는 빛깔과
보이지 않는 언어로 다가와
숨어서 하는 네 얼굴이
나를 황홀하게 한다

어디서 왔으면 어떻고
어떻게 웃으면 어떠냐
그저 보이는 대로인 네가
통째로 가슴에 안기는데

안타깝게도
나는 네게
이름을 지어줄 수조차 없고
너무도 큰 울림에
가슴이 무너질 듯 흔들린다는 것이니
내가 너무 작았나보다.

바다 냄새

늘 흔들리고
움직여야 바다는 냄새가 난다

사랑하느라 바쁠 땐
사랑 냄새가 난다

살아가느라 바쁠 땐
삶의 냄새가 난다

파도가 높아지고
바람이 거칠면
더 진한 바다 냄새가
온 세상으로 번지듯

내 삶이 늘 출렁이면
진한 냄새가 퍼지는
바다가 된다.

제4부

외나무 다리

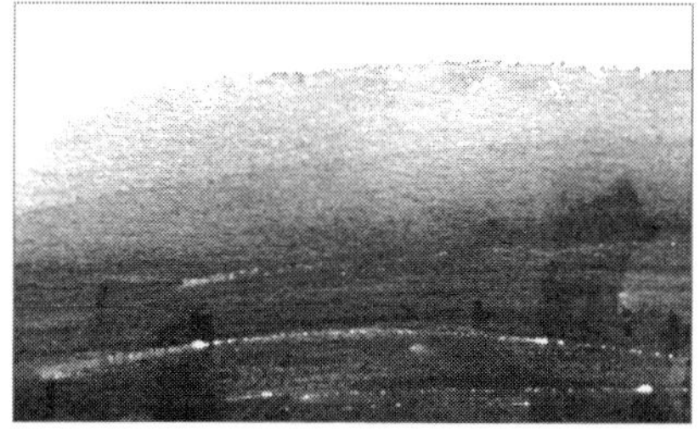

청류도(淸流道)

산안개가 푸른 숲에서 내려와
이끼 곱게 자라는
저 높은 산의 정령이 자리하면
방울방울 모여 어깨 겯고
숨소리 합하여
우렁찬 산울림 솟구친다.

사랑하는 이여!
뛰는 가슴을 열어
푸른 들판에 이는 시원한 바람으로
너와 나, 우리의 내일을 춤추자.

울렁울렁 흔들리는 뱃전에
쏟아지는 햇살을 양탄자로 깔고
팔 벌려 옷자락 휘날리는 갈대밭 사이 뚫고
급류를 지나
달도, 별도, 너의 눈도 하나가 되리

산이여! 들이여!
흰 구름 되어 풀밭을 지나고
푸릇푸릇한 향내가 힘으로 배어드는

내 어머니의 땅으로
달리자!

검은 구름이 햇빛을 가린대도
천길 높이의 폭포를 뚫고 내린대도
거스를 수 없는 가람의 혼을
어찌 묻어둘 수 있겠는가?

눈바람이 얼음장을 밀고와도
흙비 쏟아지는 서풍이나
떨어진 꽃잎이 바람 속에 독을 품고
동녘 하늘을 가린대도
유유히 유유히 의젓하게 흐르리

올빼미, 뜸부기
숲에서 나와 울어대도
때가 되면 그의 길로 날아가리니
안아주는 마음으로
계명성 또렷한 빛을 한 아름씩 쟁이자

달빛이 여울물 방울방울 물고

산을 넘으면
별들은 자맥질하고
입을 다물지 못하는 여울이
희열에 춤추며 높아진다.

총성처럼 고공을 가르는
붉은 하늘이 되고
솜털이 일어서는 공포가 지나가도
하얗게 눈이 내리면
바람이 되고
어둔 밤이 덮으면
별빛이 되어
가는 길 굽이굽이 서러움은 묻어두고
흐르는 물소리에 씻은 마음 또 씻어
아! 저기가 바다. 내 그리던 바다
맑게 밝게 걸어서 가자

내 사랑하는 이여! 사랑하는 이여!
넘실거리는 바다가 저기인데
바다가 저기인데
흘러라 흘러라 맑게 흘러라

외나무 다리

상처를 치유하는 일이
송진내 풍기며
살아가는 길인데
어디 따뜻한 햇살만
비추는 곳 있으리

흘러도 흘러가도
똑 같은 그 물인데
모래알 스쳐가듯
나이가 여물어 가면
가느다란 꽃대 같은 흔들림에
휘청거리는 무게

앞서지도 뒤서지도 못하는
외나무다리

나뭇단 지게에 지고
무거운 목숨이듯
물 밑 모래알 흐르는
노을 속에
오늘도 건너야 하는
외나무다리

새벽을 기다리는 꿈

새벽이 오는 것은
어제의 새벽이 오는 것이 아니다

너무 많은 꿈을 가지고 있어
다 이루지 못하면
다음 세상에서 이루려 하고

사랑하려다 이루지 못하면
저 세상에서 이루어보겠다고 하지만
저 세상은 이 세상이 아닌 것

밤이 어둡다고
새벽을 기다리면
새벽은 오지만
새벽이 오는 것은
어제의 새벽이 오는 것이 아니다
새로운 새벽일뿐이다,

새벽이 오는 것을 기다리는 꿈에서
그 꿈을 깨려는 꿈을 꿔야 한다.

땡볕

따가운 햇살이 등짝을 파고들어
고물처럼 달라붙고
선심 쓰듯 한줄기 바람마저
목구멍을 막아 눈알이 튀는데
매미가 대신 자지러진다.

눈썹에 매달린 땀방울이
콩잎 위에 떨어져
흙먼지를 반죽해도
보리 껄끄럭처럼
첩의 영신이 되어 달라붙기만 한다.

하루해는 왜 이리 길까?
삶이라는 등짐이
다 이런 것인가 보다.

해킹

병원에서 종합 검진을 받던 날
심장이 벌렁거리는 모습을
동영상으로 찍어내고
심방 구석에 붙어 있을 수 있는
혈전을 찾아내
나도 모르는 것들을 들추어내면
가슴 속에 숨겨 뒀던 비밀이
햇빛아래 파들거린다.

아름답게 간직하고 싶었던
순수가 타락하는 기분이 되어
현기증이 재발한다.

숨겨둬야 할 것은
숨겨져야 값진 것을
마음까지 해킹당하는 비통함이
흙바람에 나부낀다.

먼 길

당단풍나무 잎사귀가 파르르 떨리면
아래로 늘어진 볼과
굽어 내린 입 꼬리의 슬픔이 열렸다

가을 바람결에 떨어지는
죄스러움으로
감았던 눈을 잠시 떴다

달빛이 강물을 내리누르던 그날도
하얗게 씻긴 조약돌 깔고 앉아
눈 먼 내일을 중얼거렸던
감동 없는 사랑 이야기가
물소리를 타고 떠내려갔다

만나던 횟수만큼 마모되어가는
그 작은 몸무게마저
눈이 먼 심해어가 되어
모두를 버리고 먼 길을 떠났다.

고통에 뿌리를 박고
인내를 먹고 자라던

사랑 이야기는
잘못된 구성으로 인해
파지가 되어 길을 떠났다.

거위 이야기

초등학교 뒤뜰에
거위 한 쌍을 기르고 있었다

밥주러간 당번 아이에게도
머리를 낮추어 대들며
괘액-
여자 아이에게는 더 심했다
꽥꽥 꽥 - 꽥 -
아이는 위에서 목을 잡았다
그리고 거위 장 안쪽으로 끌어 너었다

알을 낳았다
암놈은 부화를 위해
오랜 기간 동안 둥우리에 앉아 있었다
더 가상한 것은
숫놈은 부화기간 내내
암놈 옆에 서서 꼼짝도 않았다

졸졸 따라다니는 거위 새끼
비오는 날에도 데리고 들어갈 줄을 모르고
비를 맞았다

당번 아이가 안으로 들어가게 몰았다
안 들어가려 비실비실
그만 새끼를 밟고 말았다
빽빽거리는 새끼 소리는 들은 척 만 척
아이를 보고 꽥꽥거리기만 한다
아이는 거위 목을 잡아 안으로 끌었다
새끼는 버둥거리며 일어서지 못했다

아래도 위도 못 보는 거위
위를 못 봐서 목을 잡히고
아래를 못 봐서 새끼를 밟는
그런 사람이
여기저기에 있다.

혀

입 안에만 있어
밖을 못 본 탓에
세상이
단 맛과 같은 줄만 알고
낼름거리다
한치 앞을 모르기에
천 길로 떨어진다.

무간지옥이
입 안이었구나

내 집이어야 한다

1041번지에는
내 집이 있었다

대추나무 사과나무 둘러선
디딜방앗간 옆 돼지우리도

호두나무 아래 참샘 길어
갓 잡아 온 물고기 찌개냄비
실겅 아래서 끓던
내 집이었다

지금
벽돌담 위에 철조망까지 둘러치고
24시간 총 든 보초병이 지키는
저 안쪽 여단장실이 있는
거기가
내 집이었다

내 집이어야 한다

고추

속치마 바람으로
고추밭에서 춤을 췄다는 말자 엄마는
끝내 고추구경 못했고
돌부처 코 갈아먹었다는 종말이 엄마도
안방을 내 주었다는 옛날

다식이네 팔형제를 둔 그 엄마는
늘 바쁘다
오늘은 경찰서 수사과
내일은 교도소 면회

고추 농사 대박 났다던 대식이 아버지
지난 밤 마른 고추 50근을 몽땅 잃어버렸단다.

일시금으로 퇴직금 타서
몽땅 아들 빚 갚아준 두식이 아버지와
코가 고추처럼 빨개지도록
둘이는 술독에 빠졌다.

묻지 말아

그 이후의 상처를
물어볼 수가 없어
속으로 흐르는 물줄기에 실어
씹지도 않고 삼켜버렸다

하얀 나비 날아가듯
아쉬워도
지금만 읽어
이대로 묻어라

달빛처럼 희미해도
애절함이 깔리는 것
꽃내음 흐르듯
소리 없이 지켜라

물어봐서 아픔이 클 것을
알았으면 된 것인데
묻지 말아라

물이 마르면

물이 말라
갈라터진 곳이지만
그 때 옛 길이 드러났다

늙어버린 옛사람이
나타나듯
모습은 같은 듯하고
바닥이 터진 주름이
그래도 반겨주는구나

출렁이던 옛날이
볼품없이 잦아진 손등과
물안개 피어나던
눈동자 가장자리에서
조개껍질을 주워 모으듯
마알간 물빛을
주워 맞추고

집터 뒤로 돌아
창이 있던 자리에 서 봐도
잦아진 물은
저 아래서 조용하다.

지워지며
잠기어 갈
지금 이 자리

누가 이 상처를
기록해 둘 것인가

떠나온 고향

단풍나무에 걸린 저녁 해가
가슴을 물들일 때면
메뚜기 잡던 콩 포기 뒤에
솜털 같은 고향이 잡힌다.

강아지 풀 꾸미에
땅거미가 찾아들면
방아개비의 탈출시도 같은
힘 빠지는 소리에도
우물 가 호두나무가 흔들린다.

달빛 소리는
내 귀에만 들리는 것인가
바람 소리도 산을 밀어 올리고
샘물이 터지도록
산울림이 되는 그 소리
고향의 소리

매미소리가
귀에서 나와
고향을 부른다.

화분

별빛이 반딧불만도 못하다고
투덜대며 다니던
그 길 위에
화분 하나 걸려 있다

길은
아파트 벽에 바싹 붙어 있다
오층 창문에 매달린 화분이
히죽이 웃으며 내려다본다.

지나는 여자는
예쁘다고 탄성이지만
세발자전거를 탄 아이가
그 여자 뒤를 따라가며
왜 저러나 하는 표정이다.

바람에 흔들리던 꽃잎 하나가
무슨 사연이라도 있는 듯
머리위로 내려온다.

한치 앞도 못 보는
눈 뜬 소경인
내 등은
늘 서늘하다.

칼국수 먹는 세상

눈 내리는 날이 오면
네게 가고싶어진다고 말하던 날
그날은 왜 그리도
많은 비가 쏟아지던지
마음이 신발 속에 들어가
철커덕거리는 난망했던 일

모래알처럼 아무리 움켜쥐어도
다 가질 수 없는, 그래서 휘휘 뿌려 버려야
오히려 시원한 그리움이 되어
부서질수록 질긴 반죽이 되도록
너를 그리워했었지

번득이는 칼날이 가슴을 두 동강 내듯
붙어 있어도 이어질 수 없고
이어져 있어도 갈라지는 것이 인연인데
인연이 낳은 사랑이
담금질 한다고
영원할 수 있겠는가

뜨거운 국물 훌훌 불며
칼국수 먹는 세상이다.

호박

늙어
깊은 맛이 드는 이
한 삶이 곱게 익어 빛을 숨긴다.

비벼졌던 뒤안길의 상심들을
모으고 참아 새로이 빚어 내
가슴 속이 노랗게 삭을 때
앉은 자리마다 편안하여
향이듯 고운 빛으로
윤기의 마지막을 다듬었다

손 타지 못 할
높은 자리 차지할 줄 알았을까?

인고가 쌓인 노고(老姑)의 순한 모습
속을 모르는 미소

연탄

스물 두 구멍을 가지고도
십구공탄이라 우기는
사기의 검은 얼굴

연탄구멍처럼
눈만 빼꼼한 인부는
연신 컨베어벨트에 얹어
어수룩한 민초를 속이려는데

속이면 속는 좌판 위에
참새라는 이름의 병아리가 올라
벌겋게 달아오른 구멍 위에
고된 몸을 달래던
그 때는 그래도
구멍은 열 아홉 이었다.

염전

모아서 말리고
퍼 올려서 안아주고

타는 햇볕 다 견디고
소금이 되었다

세상 어려움 다 참고
견디어낸 늙은이가
가래질 해 모은
소금더미들

늙어봐야 소금이 되는 것
소금보다 짠 세상
염전

도둑님

어느 대낮에
현관문을 들어서다
방에서 나오는 도둑과 마주쳤다

"누구시죠?"
너무도 신기해서 나는 그렇게 물었다

대답 대신 도둑님은
재주 좋게 창문을 밀치고 뛰어내려
발목도 부러지지 않고
저만치 달려가다 돌려다 보고는
유유히 걸어간다

존경스러울 정도의 운동기능에
덜컥 겁이 나는 것은 나였다

그 좋은 재주꾼과 당당히 마주서면서
점잖게 누구냐고 물어본 내가
하룻강아지처럼 간이 부었었나보다

도둑님, 도둑님!
저를 탓하지 마시지요

노을 지는 언덕에서

그리움에 젖은 날보다
눈물이 많이 나는 것은
저 노을빛 때문이다

죽음보다 더 슬픈 것은
그 노을빛이 사라지기 때문이다

별빛보다 반짝이던 눈빛이
말하지 않아도 박혀오던 날이
기억나지 않는 것이 억울한 것이다

흐려지는 하늘처럼
내일을 모른다는 것은
오늘을 살게 하는 것이다

▣ 발문

한금산 시의 미학적 구조와 사상성

김우종
문학평론가

1. 아름다움을 쫓는 나비

〈겨울 바다를 팔아요〉는 한금산의 아홉 번째 시집이다. 오랫동안 숙성해온 명주(銘酒)처럼 인생의 내면에 대한 깊고 예리한 통찰과 고귀한 사상성과 심미적 가치의 탁월성을 보여 주는 언어미학의 결실이다.

무엇보다 두드러진 것은 언어예술로서의 미적 성과다. 시인마다 추구해가는 세계가 다르지만 한금산의 시세계가 지니는 가장 두드러진 특성은 아름다움이며, 다른 많은 조건들도 모두 아름다움이란 무엇인가라는 질문에 대한 한금산 문학의 결론이라고 볼 수 있다.

미의식이 강하다면 나비가 아름다운 색을 보고 꿀을 찾아가듯이 시인은 아름다움에 대한 욕망이 시창작의 주요한 원동력이 된다고 볼 수 있다. 그는 맛 좋은 차를 끓이기 위해 한밤중에 몇 십리 밖이라도 샘물을 뜨러 가는 사람이다.

이런 경우에 한금산의 그것은 심미의식이라기보다는 좀더 강하게 탐미이식이라는 용어가 더 적절할 것이다. 그렇지만 그는 아름다움에 빠져서 이성을 잃는 탐미주의자는 아니다.

그는 아름다움에 대한 짙은 욕망을 지니고 있지만 19세기 또는 20세기 초의 탐미주의자나 유미주의적 예술가들의 그것과는 전연 다르다.

탐미적 욕구가 없으면 누구도 시인이 될 수 없고 소설가도 수필가도 그리고 문학을 논하는 평론가도 되기 어렵다. 문학은 예술이며 그 본질은 아름다움이기 때문이다. 그런데 어떤 예술도 '보리 밭에 달 뜨면 애기 하나 먹고' 춤 추는 탐미의식(서정주의 〈문둥이〉에서)으로 시인이 될 수는 없으며, 백년에 하나 나올 듯 말듯한 명곡을 위해서 마을에 불을 지를 수는 없고(김동인의 〈광염 쏘나타〉에서) 그들에게 예술가의 자격이 주어질 수는 없다. 탐미의식은 이성적 조정과 관리가 선행되지 않으면 미치광이 예술가를 만든다. 한금산이 탐구하는 미의식은 자연과 인간과 온 우주에 대한 애정이며 건강한 사상적 비판 의식이 전제가 된 미의식이다. 〈시린 밤〉이야말로 그런 의식이 매우 잘 나타나고 있는 수작이다.

2. 〈시린 밤〉의 탐미적 구조

이런 시세계는 다양한 형태로 전개되지만 편의상 〈시린 밤〉 한 편을 통해서 전체적 특성을 봐도 좋을 것이다.

꽃잎 위에
시를 쓰는 달빛

달맞이 꽃잎 위에
달빛 내리는 날

밤에 우는 소쩍새 울음이
가지 사이를 헤집고 들리니
그 밤이 시리다

이 시야말로 작자의 미의식과 기법을 대표적으로 잘 들어내고 있다.

이 작품의 주 소재는 달맞이꽃과 달빛과 소쩍새다. 이 소재만으로도 그는 탐미적 시인이 될 듯하다.

달맞이꽃은 저녁에 핀다. 달이 뜨지 않아도 해가 저물면 작은 봉우리들이 풍선 터지듯 가벼운 파열음을 내면서 핀다. 터지는 소리와 함께 향기를 풍기면서 네 잎이 열리기 때문에 신비한 매력이 있다. 이 때 달맞이꽃 저편 하늘로 달이라도 떠오르면 더욱 아름답다. 그리고 또 밤이 깊어서 소쩍새가 울면 더욱 아름다움은 우리들의 내면 깊숙한 곳까지 울려주는 풍경이 된다. 너무도 기막히게 아름다운 풍경이다.

그런데 여기까지는 자연이 그대로 우리들에게 보여주는 아름다운 무대연출이지만 '꽃잎 위에 시를 쓰는 달빛'은 조물주의 연출은 아니다. 이것은 작자의 탐미의식이 만들어내는 이미지다. 작자 자신이 꽃잎에 달빛으로 시를 쓰고 있는 것이라고 말해도 좋다. 작자의 농밀한 탐미적 욕구와 상상력이 이처럼 달빛으로 꽃잎에 시를 쓰는 그림을 만들어 내고 있다.

이렇게 작자가 달빛으로 꽃 잎에 시를 쓰는 시간인데 청승맞게도 소쩍새가 운다. 그리고 시 쓰기가 끝나면 소쩍새도 울음을 그치고 어디론가 날아가 버린다. 달이 기울고 곧 날이 샐 때가 되면 소쩍새는 밤새 울다가 목이 터져서 핏자국을 남기고 사라지는 것이다.(사실은 사냥감의 피)

이런 풍경에서 나타나는 한금산의 시세계는 다음 세 가지 이상의 구조물로 되어 있다.

첫째, 그는 탐미적 시인이다.

둘째, 그는 사회적 약자에 대한 사랑의 시인이다.

셋째, 그는 자연을 사랑하는 시인이다.

넷째, 그는 어둠 속에 등불을 밝혀 주는 시인이다.

다섯째, 그는 원형적 이미지를 현대적 감각으로 승화시켜나가는 서정시인이다.

물론 이것만으로 한금산 시의 모든 것을 요약할 수는 없지만 우선적으로 이것이 두드러진다. 그리고 이것을 한데 묶어 요약하면 그는 양심적 비판의식을 사상적 기저에 깔아 두고 이를 자연과 인간의 삶을 통해서 아름다운 이미지로 형상화 해 나간 시인이다.

3. 슬픔의 미학과 사상성

그의 아름다움이 무엇인지를 좀더 구체적으로 살펴보면 다음과 같다.

그의 시 세계에는 밤이 많지만 어둡지는 않다. 달이 많고 때로는 별도 많이 뜨기 때문이다. 밤이 많지만 여기에 달빛이라는 조명장치를 해 두고 있는 것은 작자가 어둠 속에 관심이 있는 사람이기 때문이다. 현실에서 어두운 곳은 잘 보이지 않으며 굳이 보려고 하지 않는다. 밤이 되어 어둠이 깔리면 편히 잠드는 것이 우리들의 일상이다. 그런데 한금산은 어둠 속에 가려져 있는 세상을 바라본다. 어둠 속의 짐승들을 보는 것이 아니라 어둠 속에 가려져 있거나 부득이 숨어 있을 수밖에 없는 어떤 약자들을 보는 것이다. 그러기 위해서 달빛을 비춰주고 있다. 이것은 남들로부터 소외된 사회적 약자들에 대한 사랑이다.

그런데 작자는 이런 양심의 사상성을 깔아나가면서도 이를 통해서 신비한 탐미적 욕구를 발산하고 있다.

이 달빛으로 꽃잎에 시를 쓰는 상상의 세계는 그가 남달리 농밀한 탐미적 욕망의 시인이며 그런 미적 감각으로 슬픔의 세계를 재구성하고 있는 것이다.

소쩍새가 우는 밤에 달빛이 꽃잎에 시를 쓰는 상상의 세계는 명월이나 매창이나 한우가 벗어 놓은 속치마에 화가가 먹물로 명화 한 점을 남기는 일과 유사한 탐미적 이벤트다. 그런데 이것은 비극의 연출이 될 수 있다.

소쩍새는 원조(怨鳥)라고도 한다. 원한이 맺혀 있는 새다.

소쩍새가 밤새도록 원한의 울음을 쏟았듯이 명월 황진이에게도 깊은 한이 있었다면 그녀도 가야금 열 두 줄에 밤새도록 울음을 쏟았을 것이다. 그리고 달빛이 소쩍새의 울음을 꽃잎에 써 넣었다면, 또는 옛날에 어느 방랑시인이나 화가가 기녀(妓女)의 방에서 달빛을 붓으로 삼아서 진이의 슬픈 가락을 그녀의 속치마에 그려 넣었다면 그 예술행위는 달빛의 그것과 꼭 같다. 이런 경우의 그 화가나 달빛은 모두 탐미의식이 농밀한 예술가들이다.

그런데 한금산의 〈시린 밤〉에는 기녀와 화가가 질펀한 운우(雲雨)의 정을 나누며 풍겼을 정액 냄새는 나지 않는다. 〈시린 밤〉에 그려진 미의식의 저변에서는 오르가즘의 신음소리 대신 가녀린 인생의 슬픔의 신음소리가 난다. 소쩍새가 그런 새이기 때문이다.

전설에 따르면 소쩍새는 나라가 망하면서 죽었거나 돌아오지 못할 먼 길을 떠나버린 촉나라의 망제(望帝)와 병사들의 넋이다. 그리고 이런 전설이 아니라 해도 그렇게 어둠 속에서 밤새 울다가 핏자국을 남기고 떠나는 새의 이미지는 비극적인 것이다. 한금산의 시에 나타나는 미의식은 이런 슬픔을 저변에 깔고 있는 비극미(悲劇美)다. 그리고 그런 약자 소외자 외로운 자 고통 받는 자를 생각하는 시이기 때문에 그의 시는 양심의 눈으로 보는 비판의식의 사상성을 지니며 이 사상성이 한금산의 아름다움이다.

4. 약자에 대한 사랑

〈꽃무릇〉은 〈시린 밤〉과는 다르지만 이것도 비극성이 탐미의식이 되고 있는 수작이다.

녹아내리던 햇살도 숨을 고르던 어느 날
기적이듯 피가 돌아
뽑아 올리듯 내민 머리에
소리치는 혓바닥이
밖으로 튀어 나오도록
불러본 당신
바람 속에 흩어진 내 마음마저 찾을 수 없고

자지러지듯 요염한 몸을 맡겨도
찾아올 수 없는 인연
상사의 넋이 날려가듯
바람을 타고 햇살을 등진다

〈꽃무릇〉은 붉은 꽃잎과 푸른 잎이 한데 어우러져서 피는 일이 없는 화초다. 아무리 기다려 봐도 이들은 함께 만날 수 없다. 시간이 서로 어긋나기 때문이다. 꽃이 져야 잎이 피고 잎이 져야 이듬해에 꽃이 핀다. 잎은 온 겨우내 '발꿈치까지 얼어오던 겨울을 참고 / 파랗게 언 손 가녀린 햇살에 맡겨' / 차갑고 '참혹한 기다림'을 견뎌 보지만 꽃을 만날 수가 없다. 그 다음에는 붉은 꽃잎이 또 그렇게 푸른 잎을 만나려 기다리지만 소원은 이루어지지 않는다. 너무도 참혹한 운명의 상사병이다. '뽑아 올리듯 내민 머리에 / 소리치는 혓바닥이 / 밖으로 튀어 나오도록 / 불러본 당신'은 이같은 비련을 나타낸다. 여기서 '소리치는 혓바닥'은 푸른

잎 하나 없이 붉은 꽃잎만 뻗어 있는 형상'이 지니고 있는 비극적 사랑의 이미지다.

그런데 만일 푸른 잎이 달려 있고 이와 같은 시간에 붉은 꽃이 피어 있었다면 이것은 한금산의 시가 되지 못했을 것이다. 한금산의 사랑은 영원히 성취될 수 없는 운명적 비극성을 지니고 있을 때 비로소 시가 된다. 〈시린 밤〉에서 소쩍새가 그런 슬픔의 새이기 때문에 달빛과 꽃잎과 함께 시가 되고 있는 것과 같다.

그런데 이런 모티프가 누구에게나 공통적으로 나타나는 시의 경향은 아니다. 비극적 운명이기 때문에 시가 되고 있는 것은 작자의 의식의 세계가 그것을 찾고 있기 때문이다.

소쩍새가 낮에는 나오지 못하고 밤에만 슬피 울고 있고 그것이 시가 되고 있듯이 〈꽃무릇〉에서도 그것이 비극적 운명의 사랑이기 때문에 시가 되고 있다. 작자의 시에 나타나는 미의식은 이런 비극성에 대한 연민의 정이며 슬피 우는 자에 대한 사랑이다.

그의 시가 탐미적 욕망의 표현이며 그 아름다움이 소쩍새나 꽃무릇에 대한 관심같은 것이라면 그런 아름다움은 사회적 약자에 대한 사랑이다.

달빛과 달맞이꽃도 아름답고 꽃무릇도 아름답지만 그가 탐구하는 아름다움은 그런 회화적인 것이면서도 그 소재가 전하는 약자에 대한 심오한 사랑의 정신이다. 그리고 그 약자는 인생 자체일 수도 있다.

'너도 나도 다 / 잠시 인연이었던 / 무연고일 뿐이라면서'라고 말하는 〈무연고 무덤〉은 그런 인생의 비극성을 말한다. 주인을 잃어버리고 잡초만 우거진 무연고무덤은 어느 특정인의 것만이 아니라 우리 모두가 그처럼 잠시의 인연으로 만났다 헤어지고 잊혀진다는 의미에서는 모두 무연고 무덤의 주인공이며 그것이 운명적인 인간의 비극이다.

요양원에 찾아 온 자식의 손을 놓지 못하고 매달리는 어머니의 모습 〈델구 가〉도 그런 비극성을 나타낸다.

'꽃피던 봄날과 / 싱그럽던 여름날을 / 그리워하지도 않겠습니다.'라고 말한 〈겨울이 왔을 때〉는 그런 비극적 운명을 성숙한 자세로 체념하고 받아 들이는 나무를 통해서 슬픈 인생론을 말하고 있다.

이와 마찬가지로 그가 말하는 풀꽃 들꽃 등은 모두 사회적 약자의 이미지다.

〈풀꽃만도〉에서는 이렇게 나타난다.

풀꽃 피는 때는
바람만 안다

풀꽃 지는 날은
도랑물만 운다

풀꽃 씨 익는 날은

산새만 안다

내 돌아갈 날은
아무도 모른다
풀꽃만도 못한
나

여기서 풀꽃은 참으로 하찮은 생명체다. 그것이 피거나 말거나 세상은 거의 아무도 관심이 없다. 피고 지고 익는 날을 알고 있는 것은 오직 바람과 도랑물과 산새 뿐이다.

그런데 작자 자신은 풀꽃만도 못하다고 생각한다. 물론 작자가 죽을 때는 가족과 친지들이 모여서 그의 죽음을 애도하고 시인의 업적을 찬미하며 시비를 세울지 모르지만 결국은 누구나 모두 잊혀지는 고독한 존재들이다. 그런 의미에서 비극은 만인의 공통적 운명이다.

〈들꽃은〉에 나타나는 사랑의 정신도 외롭고 천대받는 약자에 대한 구원의 메시지라고 볼 수 있다.

들꽃이 아름다운 것은
시도 때도 없이 풀잎을 사랑했기 때문이다
가슴 속의 사랑이 드러났기 때문이다

터널같이 긴 어둠과

이슬에 반짝이는 햇살
그 모두를 사랑했던
그리움이 숨겨지며 피어난 뒤에
끝내 미소 같은 싱그러움
외면을 외면 할 줄 모르는
착하디 착한 속내가
진액으로 드러났기 때문이다
사랑하는 이의 그 선연한 아침노을이다

쌓였던 그리움이 한처럼 터지는
등대의 불빛
외로운 이는
가끔 섬광을 뿜어낸다.

미워할 줄 모르는
선천성 가슴을 가진 이는
들꽃이 된다.

우리가 흔히 시적 소재로서 찬미해 온 꽃은 장미 모란 목련 국화 등이며 그 속에서 동양란 서양란은 선물용으로 가장 인기가 높다. 꽃 상가의 꽃들은 거의 모두 정원이나 온실이나 베란다나 방안에서 귀한 대접을 받는다. 이와 달리 들꽃은 너무도 하찮은 신분이다. 민들레 제비꽃 할미꽃 등은 들꽃 중에서도 나은 편이지만 이들마저도 꽃가게에서는 받아 주지 않는다. 그 중에서도 무덤가에 그렇게도 많이 피던 할미꽃은 거의 멸종되어 가고 있으며 다른 꽃들도 비슷한 운명의 길을 가고 있다. 모두 사라져가는 약자들이다.

그러므로 장미와 모란과 목련 대신 들꽃에 대한 사랑에는 이 시인의 남다른 의식이 있다. 그 속에는 한금산 시인의 사랑의 미학이 있고 그 미학에는 고귀한 양심적 비판의 사상성이 있다.

이 시인의 들꽃들은 약자임에도 불구하고 남을 사랑하는 여유와 착한 심성을 지닌다. 이들은 하찮은 풀잎을 사랑하고 긴 어둠을 사랑하고 이슬에 반짝이는 햇살을 사랑한다. 그리고 차갑게 외면하는 대상마저 외면할 줄 모르는 착하디 착한 속내를 지니고 있다. 그리고 남을 미워할 줄 모르는 선천성 가슴을 지니고 있다.

들꽃이 사는 세상은 울타리 안의 정원도 아니고 온실도 아니고 베란다도 아니고 서재도 아니다. 피천득과 법정 스님과 수많은 문인화 속의 난이 살아 온 세상은 방안이며 법정의 난은 어느 날 밖에 내놓자 주인에게 항의하며 죽어버렸다.

그런데 한금산의 들꽃은 이런 사치와 호사는 없다. 그들은 들판에서 살기 때문에 자신도 온갖 어려움을 견디며 스스로 살아가야 하는 신분이면서도 남들과 어울리고 그들을 사랑하며 공생한다. 한금산의 〈들꽃〉은 이런 의미에서 약자들에 대한 관심이고 사랑이며 그들의 사랑에 대한 찬미가 곧 그의 미의식이다.

〈풀꽃〉도 그렇다.

바위틈에 뿌리 걸어 매고
숨이 막히도록 간절했던
가녀린 꽃대 올려
소망을 쥔 작은 손에
아픈 만큼 익어가는
기다림의 풀꽃

너무도 힘들게 살아가는 들풀이다. 그래도 어느 날 마침내 이 들풀에도 꽃이 핀다. 이것은 너무도 힘들게 살아가는 사회적 약자의 모습이며, 그런 삶에도 불구하고 그들은 간절한 소망으로 아픈 만큼 익어가는 기다림의 꽃을 피운다. 이것이 우리 사회의 어느 그늘 속에 가려진 소외자의 강인한 생명력과 소망을 나타내는 것이라면 화려한 장미보다 이런 꽃을 먼저 사랑하는 작자의 미의식은 곧 아름다운 휴머니즘이라고 볼 수 있다.

작자의 많은 작품들은 이런 미의식을 주로 자연을 통해서 나타내고 있지만 작자자신의 삶과 그 주변의 이야기에서도 마찬가지다.

〈두레박〉은 어린 시절에 그를 죽지 않을 만큼 때렸던 아버지에 대한 간절한 그리움을 나타내고 있다. 친구를 따라갔다가 저녁까지 먹고 밤 늦게 돌아오는 사이에 아버지는 동네사람들과 함께 그를 찾아다니다가 동네 어귀의 깊은 우물물을 거의 다 퍼냈다. 자식이 그곳에 빠져 있을 것만 같아서 그랬다.

지금
두레박 타고 그 속에 들어가 보고 싶다
죽지 않을 만큼
아버지가 날 때릴 수만 있다면
몇 번이고 그 우물 속에 들어가고 싶다.

이 시에는 아버지의 깊은 사랑이 있고 그런 사랑을 베풀어 주셨던 아버지에 대한 그리움이 한으로 맺혀져 있다. 그런 사랑을 다시 받아 볼 수만 있다면 그는 두레박을 타고 몇 번이라도 그 속에 들어가고 아버지의 매를 맞고 싶어 한다. 사랑하던 아버지에 대한 그리움이 이 정도라면 비극이다. 이것은 아름다울 수 있는 인간관계의 절정을 의미하는 것이며 이것은 비극의 강도 때문에 너무도 처절한 아름다움으로 감동을 전한다.

깨진 것이 아니라
부숴버린 항아리

청자 조각 하나 주워들면
도공의
숨소리 들려오고
도공의 울음소리
잡힐 듯 맴 돈다

이렇게 말하는 〈청자조각〉은 청자를 빚는 도공의 비극이다. 하늘빛을 담으려는 염원은 도공의 탐미의식이며 이 때문에 가마에서 구워낸 그릇을 수없이 스스로 깨버린 것이 작자가 보는 청자조각이라면 이 비극이야 말로 작자가 말하는 아름다움의 절정이다.

보내기만 하고 되받지 않으려
얼른 물러나도
살아나는 궁금증에
다시 오른다

멀리 날아 그 자리에
별처럼 박혀
댕기머리 흔들리는 달리는 마음
유성으로
모래밭에 함께 떨어졌으면

내 마음이 그네이니
뒤를 밀어다오

〈그네〉도 비극의 미학이다. 물론 이 시는 그네 타는 여인의 형상화 자체가 매력적이지만 그 여인은 비극적 인생의 주인공이다. 여인의 몸짓은 댕기머리 흔들며 하늘로 치솟지만 보내기만 하고 되받지 않는다. 얼른 뒤로 물러나기 때문이다. '유성으로 모래밭에 함께 떨어졌으면' 하는 소망도 있지만 그녀는 혼자 뒤로 물러서고 다시 치솟다가 다시 물러선다. 그것은 겸허한 양보라기보다는 영원히 사랑을 주기만 하고 받지 않는 비극이다. 그녀의 그네 타기가 더 아름다운 까닭은 이런 비극성 때문이며 이것이 작자가 추구하는 미의 세계다.

〈징검다리 돌〉도 이와 크게 다르지 않다.

하늘이 밟는 대도
억울할 일 없고
마음이 오히려 넓어져
펑퍼져
견디는 너그러움

너를 위해 발을 적셔도
밝은 웃음
발아래서 흐르는 것은
하늘 뜻 깔려진 때문

징검다리 돌은 밟히는 것이 운명이다. 그래서 자꾸 넓어지고 평평해지고 있다. 누군가를 이쪽에서 저쪽으로 건네주기 위해서 늘 그렇게 물 속에 제 발을 적시고 있다. 그러면서도 물이 흐를 때마다 밝은 웃음 소리를 내고 있다. 그것이 하늘 뜻임을 알고 밝게 웃는다.

징검다리 돌에 대한 이런 찬미는 비극적 운명에 대한 찬미일 수 밖에 없다. 남을 위해 스스로 제 발을 물속에 담그고 자꾸 밟혀서 퍼지고 있으면서도 이를 하늘의 뜻으로 알고 있고, 원망 대신 늘 맑고 밝은 물소리를 내고 있으니 비극의 주인공일 수 밖에 없다. 그런데 징검다리 돌은 그냥 돌덩어리일 뿐이며 돌이 밝게 웃는다는 것은 작자의 의식의 세계일 뿐이다. 작자의 시세계에서는 돌덩어리가 그런 슬픈 운명을 받아들이면서 밝게 웃는다. 그것이 작자가 탐구해 나가는 아름다움의 세계다. 그러므로 그는 사랑과 양보와 희생의 비극적 운명에서 최고의 가치를 찾는 탐미적 시인이다.

그런데 이런 징검다리 돌의 미학과 현실 사이에는 얼마나 큰 삶의 괴리가 있는 것일까? 맑은 세상을 좋아하는 반딧불이는 썩어가는 현대도시를 향해서 분노를 터뜨리다가 누구보다도 먼 곳으로 떠나버린다. '차가운 파도에 저항 할수록 / 작아지는 언어를 묻고 / 작아지는 내가 된다'는 것은 그런 시인의 슬픔을 나타낸다. 언어는 시인의 생명인데 언어를 묻고 작아지는 자아를 발견하게 된다는 것은 무엇인가? 찬바람만 부는 '겨울 바다'를 다 청산하고 훌훌 떠나고 싶다고 말하는 것은 무엇인가?

〈겨울 바다를 팔아요〉가 그런 체념과 분노의 표현이 아니었으면 좋겠다. 소쩍새와 들플과 징검다리 돌에서 최고의 아름다움을 찾는 탐미적 시인의 메시지는 특히 이 오염의 땅 대한민국에서는 너무도 소중한 것이다. 그의 아홉 번째 시집 〈겨울 바다를 팔아요〉는 그런 의미에서 오늘의 한국 시단의 큰 성과이며 경사다.